RÉFLEXIONS SUR LE MINISTÈRE DU 10 AOUT;

Par Vangel Bret.

Prix : Un Franc.

Aide-toi.....

PARIS,
LIBRAIRIE FRANÇAISE ET ÉTRANGÈRE DE P. LEDOUX,
BOULEVART DES ITALIENS, N°. 19,
Entre les rues de Grammont et de Choiseul.

1829.

Réflexions

SUR LE MINISTÈRE DU 10 AOUT;

PAR VANGEL ERET.

On dit qu'il n'est pas sans quelque danger de publier le sentiment qu'on a éprouvé à l'apparition inattendue du ministère Polignac : que pour éviter l'appel en police correctionnelle, il ne suffit plus d'intentions pures, d'un dévoûment sans bornes à la monarchie, d'un attachement vrai à nos institutions, d'antécédens irréprochables, d'une volonté prononcée d'user, dans de sages limites, de cette liberté de la presse, notre unique refuge : on dit qu'il faut encore se garder d'exprimer avec trop de franchise, la douleur qu'excite une mesure qui parait, à des sujets fidèles, compromettre la sûreté du trône et la tranquillité du pays. Dans mon ignorance, je ne voyais, je l'avoue, à publier ma pensée, qu'un seul inconvénient, celui de produire des pages qui, peut-être, resteront inaperçues. Cet inconvénient, grave pour l'amour-propre, doit disparaître devant l'obligation imposée à tout citoyen de défendre, comme il le peut, la chose publique. Le hasard fera, peut-être, qu'un lecteur, au moins, jettera les yeux sur cet écrit, *qui est un écrit de bonne foi*, et si les sentimens qui y sont renfermés, réveillent en lui des sentimens analogues, j'aurai atteint mon but.

Et qu'importe, la première fois que je me produis au grand jour, que mon style, ma logique, mes aperçus, soient l'objet des sarcasmes de mes antagonistes et du sourire de leurs nombreux adversaires? qu'importe, si l'on rend justice aux sentimens qui m'animent, et si ces hommes supérieurs, dont les ouvrages font mon étude et mes délices, approuvent le fonds de mes pensées? Il faudrait, ce me semble, que la douleur que je partage avec trente millions de mes concitoyens, trouvât un nombre égal d'interprètes. De cet ensemble, quelques éclats arriveraient peut-être aux pieds du trône, et la France n'aurait pas à dire : *si le Roi le savait !*

Le 8 août 1829, une ordonnance royale, contresignée Bourdeau, garde des sceaux, a confié le portefeuille des affaires étrangères à M. le prince Jules de Polignac : le même jour, et par des ordonnances, contresignées par ce nouveau ministre, le cabinet a été composé comme il suit :

à la justice,	M. Courvoisier;
aux finances,	M. Chabrol-Crussol;
à l'intérieur,	M. de la Bourdonnaye;
à l'instruction publique,	M. de Montbel;
à la guerre,	M. de Bourmont;
à la marine,	M. de Rigny;

Ces ordonnances, consignées dans le Moniteur

du 9, n'ont été généralement connues dans Paris, que le lendemain. De là, le ministère du 10 août.

§ Ier.

Quelles causes ont amené le ministère nouveau.

Il faut en convenir, grande a été la surprise et la stupeur manifeste. Quel danger, quelle crainte, quelle appréhension, quelle susceptibilité motivait ce grave événement? Depuis long-temps, il est vrai, les gazettes qui ont besoin du mensonge pour soutenir leur existence, nous montraient la révolution flagrante, et leur ridicule fantasmagorie prenait quelque réalité dans des esprits honnêtes sans doute, mais bornés, dont la faiblesse donnait un corps aux chimères qui les effrayaient. Un coup-d'œil rapide sur les dix-huit mois précédens, suffira pour démontrer le ridicule de ces menaces et de cette pusillanimité.

Le ministère *déplorable* était tombé sous le premier effort d'une chambre, représentation incomplète, il faut le dire, de la majorité de la nation. Cette chambre, élue sous l'influence de M. Corbière et de ses préfets, devait se ressentir des mesures que ce ministre avait prescrites, et dans lesquelles (M. de Villèle l'a reconnu) les intentions ministérielles avaient été dépassées par les agens. Loin de moi la pensée que la chambre renferme quelque produit de la fraude; on nous a montré comment un député honnête homme savait se faire justice; mais les électeurs, il faut l'avouer, n'ont choisi souvent tel mandataire qui leur convenait peu, que dans l'impossibilité d'obtenir tel autre qui leur convenait davantage, et qu'ils eussent proclamé sans les altérations subies par les listes électorales. On peut donc, sans déraison et sans injure, supposer que la chambre n'est pas ce qu'elle eût été, si plus de franchise et de liberté eût présidé à la manifestation des vœux de la France. Et cependant le premier acte de cette chambre a été de stygmatiser le ministère Villèle.

Qu'est-il arrivé? Le ministère nouveau, composé dans un tel moment, a-t-il adopté une marche toute contraire? Les chambres ont-elles exigé, s'est-il empressé de leur offrir toutes les garanties dont le pays est avide? Ces agens nombreux, dont le dévoûment servile avait outrepassé les ordres de M. Corbière, ont-ils été expulsés de l'administration? le trône a-t-il été livré, pieds et poings liées, aux prétentions du libéralisme? tout cela était possible, si, comme aujourd'hui, la passion eût été l'essence des hommes appelés au pouvoir; il n'en était pas ainsi. Le beau talent de M. de Martignac, le noble caractère de M. Hyde de Neuville, l'évangélique douceur de M. l'évêque de Beauvais, la modération de tout le cabinet, rassuraient les hommes sensés. Aussi, sans crier, *point de réaction*, aucune n'a eu lieu; des améliorations louables ont été apportées dans le système électoral; des concessions sages ont été accordées, d'autres promises; la loyauté, antique apanage de nos princes, a reparu dans les actes du gouvernement; la marche lente et mesurée vers le bien, a été constante et soutenue.

Mais encore, à quelle époque, par qui les prérogatives royales ont-elles été défendues avec plus de force et de talent? On en appelle à tous les hommes impartiaux, quel ministre a, mieux que M. de Martignac, soutenu les droits de la couronne! Je ne citerai qu'un fait sur lequel j'aurai à revenir : le retrait de la loi départementale a prouvé que le dernier ministère n'hésitait pas à sacrifier une grande popularité à son dévoûment aux prérogatives du trône. Déjà la récompense était prête. Enfin, au moment de la clôture, quand une longue et pénible session se terminait par le vote d'un énorme budget, quand un noble pair dirigeait de si vives attaques contre le ministère et nous montrait l'avenir gros de révolutions et de calamités, quand le ministre de l'intérieur, dans un discours, dernier éclat de sa brillante éloquence, réduisait à leur véritable valeur ces étranges aberrations de l'ignorance, sinon, de la mauvaise foi, quel ébranlement était donné au trône des Bourbons? quel joyau enlevé à la couronne? quelle altération portée au sceptre ou à la main de justice? Un roi puissant, et puissant pour le bien seul : la paix avec tous les pays : la gloire de Navarin pour notre marine : nos jeunes soldats contribuant à la délivrance de la Grèce : l'armée se relevant d'*un coup de collier* de six ans : une industrie active et croissante : l'instruction publique et élémentaire se développant : le culte de nos pères suivi et respecté : la liberté individuelle assurée : l'abus de la presse sévèrement réprimé : enfin, un budget d'un million voté par les mandataires des départemens et payé sans difficulté comme sans murmure.

Telle était la situation de la France au moment où nos députés rentraient dans leurs foyers. Je les adjure tous, excepté ceux complices du ministère du 10 août, quel est celui dont le retour a été suivi de trouble et d'inquiétude? celui qui, en revenant au sein de sa famille, en visitant ses champs, a tremblé pour l'avenir de ses enfans? celui qui a dit, dans l'épanchement de l'intimité : *mes amis, le trône est perdu!...*

Et c'est alors, c'est quand la confiance renaît et s'établit, quand on commence à ne différer que sur des nuances, c'est alors qu'un coup d'état, qu'une révolution de sérail, vient ressusciter les partis, les remettre en présence, les appeler au combat! Et ce sont MM. Polignac, la Bourdonnaye, Bourmont, qui jettent le gant! Serait-ce donc un combat à outrance qu'ils provoquent, ces hommes insensés! Un combat à mort! et quel sera le prix du vainqueur? quelle couronne ceindra son front victorieux? Rendra-t-il au sceptre des lys son antique pouvoir? Mais Charles X règne paisiblement sur trente-deux millions de sujets : il est chéri, respecté : les acclamations des départemens de l'est retentissent encore; et si demain un danger le menaçait, la France entière, vous peut-être exceptés, volerait à sa défense.

Faut-il aux grands de la terre, des honneurs, des richesses? la liste civile, les sinécures, l'indemnité, le budjet, sont là : la cour vous offre ses broderies; la magistrature, ses toges; l'armée ses épaulettes; l'administration son influence; la pairie son illustration.

Le clergé, abjurant son humilité native, daigne-t-il rêver les choses d'ici-bas? toutes les carrières lui sont ouvertes; les conseils généraux rivalisent pour l'enrichir.

Pourquoi donc ce combat, si déjà vous possédez les fruits de la victoire?

Où donc, et ici nous répétons l'expression de l'un des hommes les plus illustres de notre époque, où donc chercher la cause d'un effet inoui? La couronne, nous dit-on, en prenant de nouveaux conseillers, use d'un droit constitutionnel : nous le savons; mais quand le cabinet s'est appuyé sur la majorité des chambres; quand les mandataires du trône et les mandataires du pays se sont entendus; quand aucun désaccord ne s'est manifesté dans la machine politique, un renversement violent du cabinet, aussi bien qu'une brusque dissolution des chambres, constitue un véritable coup d'état, et un coup d'état sans cause ou qui provient de l'exigeance de l'étranger et de l'obsession des courtisans, est un malheur pour la couronne comme pour le pays; et comme l'a dit le journal des Débats, *le lien serait rompu, qui unissait le trône et les sujets*, si ce lien pouvait se rompre.

Voilà le mal aujourd'hui dans son intensité : que sera-t-il dans l'avenir?

§ II.

Quelle sera la marche du ministère.

Ce ministère ne peut durer, ne durera pas, criet-on de toutes parts : de sa violence même naîtra sa destruction, et nous aurons appris ce que nous aurons à faire.

Moi aussi, j'espère, je suis certain que ce ministère ne durera pas. Le ministère Villèle, après six ans et six budgets, est tombé sous les efforts même qu'il faisait pour se maintenir : notre éducation constitutionnelle a marché, l'opinion s'est faite, et rien, nous le savons, ne résiste à l'opinion. L'ère a commencé des gouvernemens représentatifs : c'est en ce sens que la révolution française fera le tour du globe : le pouvoir absolu passe sans retour : ce n'est ni Don Miguel avec ses échafauds, ni M. de la Bourdonnaye avec ses catégories, qui lui rendront les beaux jours des onzième et douzième siècles.

Mais, disent les organes du ministère, tel n'est pas le projet des nouveaux conseillers de la couronne. M. de Polignac, élève de Wellington, fera du libéralisme en France, avec un système et des hommes monarchiques, comme son modèle en a fait en Angleterre avec un cabinet tory. Admettons un moment que ces vues soient celles du prince qui, des bords de la Tamise et après tant de traversées, est venu siéger dans le cabinet des Tuileries.

Mais, d'abord, les élémens dans les deux pays sont-ils donc les mêmes, pour qu'un système semblable réussisse chez les deux peuples? Caractère, mœurs, institutions, tout diffère. L'Angleterre, isolée des autres nations, s'est créé une grande prépondérance toute active. Rien de passif ou de directement passif n'agit sur elle. Quand Napoléon voulut l'atteindre, il fut obligé d'aller la frapper dans les sables de l'Afrique, dans les marais de la Hollande, dans les neiges de la Russie. Nous, au contraire, nous pesons incessamment sur le continent qui pèse incessamment sur nous : les fusillades de la rue Saint-Denis ont retenti dans Vienne comme dans Madrid; ce n'est que par les journaux que nous connaissons les excès des Hustings, les rassemblemens des Irlandais; nous nous en inquiétons fort peu et nous avons raison.

Ensuite, les Anglais sont façonnés au gouvernement représentatif : il est passé dans leurs mœurs : l'opposition y est assise, leur rouage parlementaire marche depuis long-temps, ils n'en craignent plus la destruction, ils sont hommes enfin, tandis que nous, nous sommes enfans encore dans le gouvernement constitutionnel; à peine comprenons-nous bien un système qui nous a coûté tant de sang, tant de malheurs, tant de gloire, et pour lequel chaque jour, non sans motif, nous avons à trembler.

Enfin, le nom de Wellington doit être grand et puissant en Angleterre : il a renversé l'épouvantail qui menaçait les trois royaumes; il fut vainqueur à Waterloo. Son influence doit être immense. Pour nous, qu'est-ce que M. de Polignac? il porte un nom pénible pour la monarchie : ses campagnes furent des conspirations : ses services, il nous met à la remorque de l'Angleterre.

Et c'est avec de pareils antécédens, dans des circonstances semblables, que ces hommes voudraient, avec un système monarchique, gouverner constitutionnellement la France! ils en auraient la volonté, que le pouvoir leur manquerait. La condition première, nécessaire, vitale, est la confiance publique; ils ne l'auront jamais. La puissance des noms est incontestable : dans le nouveau cabinet un nom seul pouvait rassurer, et il s'efface. Il eut accepté, que la sécurité n'en serait pas plus grande : M. de Rigny n'eût point bonifié MM. de la Bourdonnaye et Bourmont. Un ruisseau limpide qui se mêle à une eau vaseuse a bientôt perdu sa pureté.

J'ai dit que le ministère nouveau n'avait pas la confiance publique. Pour le prouver, pour le reconnaître, ne suffit il pas de ce *tolle* universel qui a repoussé son apparition! mais bien plus, comment expliquer ces nombreuses démissions d'hommes également recommandables par leur caractère et leurs talens? Comment expliquer la conduite de MM. de Belleyme et de Rigny? L'un refuse le premier poste dans le gouvernement, il n'accepte pas l'honneur de siéger aux conseils du roi de France. L'autre abandonne, malgré les instances les plus vives, la charge si belle, si grande et qu'il avait si bien remplie, de veiller au repos, à la sécurité de notre capitale. Enfin, aujourd'hui 23 août, le portefeuille vacant est encore à donner; MM. de Polignac et ses collègues auront fait l'impossible, ils auront montré un ministère dont personne ne veut.

Pourquoi? c'est qu'on sent bien que ce cabinet, antinational, veut altérer d'abord nos institutions pour bientôt les détruire; qu'il a l'intention, masquée encore, d'aller plus vîte et plus loin que le ministère déplorable dont il n'est que la façade, parce que, d'une part, il a sa défaite momentanée à venger; de l'autre, parce que les hommes qui le composent ont un tout autre caractère. Ce n'est plus M. de Corbière avec ses bouquins; M. de Villèle avec ses ruses; M. de Peyronnet avec sa devise; c'est M. de Polignac avec ses conspirations ; M. la Bourdonnaye avec ses catégories ; M. de Bourmont avec sa tactique. Aussi leur apparente modération est un leurre qui ne séduira personne. D'ailleurs, les actes, leurs seuls actes sont là. Le 15 août, un seul était consommé, ils avaient donné un successeur à M. de Belleyme, et qui ont-ils choisi, grands dieux ! M. Mangin ! à ce nom, l'esprit confondu s'arrête avec effroi ; l'homme le plus timide sent l'indignation l'animer, quand il voit les ministres du roi de France préluder ainsi dans la carrière ! Nous le répétons avec douleur, c'est une guerre à mort que ces hommes semblent vouloir...

La déclaration en sera tardive ; il doit entrer dans leurs vues de reculer, le plus possible, l'instant où le masque sera jeté. La charte, telle qu'elle est écrite, sera jusqu'à un certain point leur mot de ralliement ; Toutes les existences seront respectées, tous les emplois conservés ; on fera tant qu'on le pourra patte de velours, qu'on me passe l'expression : mais bientôt on nous dira que l'intérêt du roi exige qu'on se montre, et l'on se montrera. La presse continuera d'être libre et par conséquent accablante pour nos hommes d'état ; la magistrature tiendra, comme toujours, la balance d'une main impassible, la censure deviendra la condition *sine qua non*, de l'existence ministérielle. Il faudra donc convoquer les chambres, ou gouverner sans elle.

Le ministère peut-il compter sur la majorité dans cette chambre des communes, dont le premier acte, nous l'avons dit, fut de stygmatiser le ministère Villèle? Elle dira à M. de la Bourdonnaye ce que lui même disait à Napoléon en parlant de Charlemagne : *entre Corbière et vous, il n'y a rien.* Nos ministres ont-ils compté sur cette fluctuation de majorité qui a marqué la dernière session ? leur erreur serait étrange. Devant eux, cette fluctuation disparaîtra, une majorité fixe, compacte, les arrêtera quand ils voudront reculer dans le système constitutionnel, les poussera s'ils veulent rester stationnaires. Car, il faut bien le remarquer, le *statu quo* n'est plus possible, il faut avancer dans l'édifice constitutionnel. Si le ministre n'avait qu'à maintenir, sa tâche serait moins difficile. Il nous faut davantage. La chambre voudra, doit vouloir ces lois départementale et communale, complément de notre législation. Ici, qu'il me soit permis de relever ce que j'ose appeler une faute de la dernière session. Elle devait accepter la loi départementale. Sans doute, cette loi était défectueuse ; mais elle renfermait un principe, celui de l'élection directe. Ce principe nous l'aurions, et son premier résultat eût été une barrière de plus opposée aux projets destructeurs dont nous sommes menacés. Car, ne nous y trompons pas, l'administration départementale formée d'une élection même tout aritocratique, ne serait pas ce qu'elle est aujourd'hui. Grande serait la différence entre le conseiller désigné par le préfet, et le conseiller élu par les citoyens. On s'est trompé, on a sacrifié la pratique à la théorie. C'est une erreur que les Anglais n'eussent pas commise ; les Anglais ne repoussent jamais une amélioration même incomplète. Voyez l'émancipation ; ils ont raison, et ceci confirme ce que j'ai dit de la différence qui existe entre eux et nous. Dans ma faiblesse, député de la gauche, j'aurais accepté la loi, par cela seul que les députés de la droite la repoussaient avec violence (1).

Si donc la chambre ne veut pas de la censure, qui est un pas rétrograde et dont les ministres ne peuvent se passer, veut l'organisation départementale et communale, qui est un pas en avant et que la droite n'accordera pas, où le ministère prendra-t-il la majorité? en appellera-t-il aux colléges électoraux? je ne le lui conseillerais pas. Qu'il les convoque, bien, mais qu'il se retire aussitôt, sinon il compromet la monarchie.

Ce serait la compromettre encore de vouloir gouverner sans les chambres. En admettant que cette pensée criminelle ait pu germer dans la tête de nos hommes d'état, la haute sagesse qui préside à nos destinées nous rassure et nous tranquillise.

Le ministère va donc se traîner jusqu'au moment décisif. Il fera des circulaires comme celle de M. de la Bourdonnaye, des nominations comme celle de M. Mangin, des procès comme ceux intentés déjà. Le nouveau tuteur des communes voulait que le ministère public poursuivît toutes les feuilles où depuis quelques jours s'exhale la douleur de la France; les remontrances d'un magistrat ont, dit-on, réprimé l'ardeur persécutante du ministre, et cette ardeur s'est accumulée sur le *Journal des Débats*, dont les rédacteurs

(1) Veut-on une preuve qu'une loi, même mauvaise en quelques points, peut amener de bons résultats. Notre loi d'élection est absurde au moins dans le double vote; eh bien! aujourd'hui que produirait-elle, exécutée telle qu'elle est.

ont constamment donné des preuves de leur royalisme, et dont l'opposition mesurée, sage, élégante, est devenue la doctrine des hommes vraiment royalistes constitutionnels.

Ce ministère ne fera donc que passer; mais funeste météore, il laissera des traces profondes, difficiles à effacer.

§ III.

Résultats du ministère.

Six mois peuvent s'écouler sans que les chambres soient convoquées : le ministère peut vivre six mois. Quelle que soit sa durée, le mal qu'il aura produit sera immense.

Je l'ai dit, sa seule apparition a remis les partis en présence, et rend une lutte inévitable. J'ai fait voir que la victoire qu'ils espèrent est sans objet pour les hommes qui la rêvent, que rien, absolument rien, ne rendait nécessaire ce choc nouveau des opinions. Mais cette victoire vous est-elle assurée? oui, dites-vous; je vous en félicite. Cependant, si vous vous trompiez, si, malgré l'audace des la Bourdonnaye, la diplomatie des Polignac, les talens stratégiques des Bourmont, si, dis-je, la victoire trahissait vos drapeaux, serez-vous sûrs de n'avoir pas exposé les intérêts que vous prétendez servir? Battus, je suppose que vous pouvez l'être, aurez-vous la possibilité d'arrêter un adversaire irrité, que vous aurez rendu défiant, dont toute l'existence aura été compromise? Cette puissance, vous ne l'aurez pas, même quand, parmi vous, se trouverait un homme habitué aux transfuges, et qui, au moment de la défaite, irait combattre dans le camp ennemi et vous accabler, sous le prétexte de vous protéger plus tard. Alors, que ferez-vous? que répondrez-vous au monarque, quand il vous demandera compte de cette France, heureuse et paisible au moment de votre avènement, et que, à coup sûr, vous lui rendrez troublée, inquiète, bouleversée peut-être? Car, ne vous le dissimulez pas, que vous restiez au pouvoir, que bientôt vous en tombiez, vous ne pouvez faire aucun bien, et vous pouvez amener de grands maux. On l'a dit avant moi, je l'ai répété, toutes les bouches, toutes les plumes le proclament, la confiance n'est plus, votre présence l'a détruite.

C'est attaquer le trône, dites-vous, que de montrer, comme affaibli, le lien qui l'unit aux sujets. Quand cesserez-vous, royalistes prétendus, quand cesserez-vous de calomnier la France et de faire rejaillir, jusque sur la couronne, les attaques dont seuls vous êtes l'objet? A qui ferez-vous croire que cette France, heureuse et libre, veuille s'en prendre des maux que vous allez lui faire, au trône cette première et plus chère de nos institutions. Non que je mette le trône sur la même ligne que les institutions qui en émanent : avec le ministère actuel, il faut tout expliquer. J'ai, un moment, confondu le trône et les institutions, parce que, pour nous, ils sont inséparables, et que ce sceptre, arbitre de nos destinées, est à mes yeux, aux yeux de la France entière, la base fondamentale de notre édifice constitutionnel.

Les résultats du ministère du 10 août sont donc

tous renfermés dans ce peu de paroles : *aucun bien possible, beaucoup de maux inévitables!* Et l'on voudrait imposer silence aux hommes sincèrement amis du monarque et du pays! et l'on voudrait que la France subît, sans murmure et sans plainte, ce ministère, Arimane politique, dont le mal seul sera l'essence. Si nous nous taisions, si toutes les voix ne s'élevaient incessamment jusqu'à ce trône, notre unique espérance, alors, nous mériterions le joug qu'on nous impose, nous deviendrions complices de ceux qui nous veulent asservir. Il n'en sera rien. Ces hommes éloquens parlent encore, qui ont sauvé une première fois la chose publique. *Aide-toi, le ciel t'aidera*, va redevenir notre devise. Nous savons qu'un droit nous est acquis, un devoir imposé, celui de conjurer les orages qui nous menacent. Ce droit, nous en userons; ce devoir, nous le remplirons; nos plaintes, nos douleurs, parviendront au pied du trône, soumises et respectueuses, comme les supplications que les rois ordonnent eux-mêmes d'adresser à l'Eternel, dans ces grandes calamités indépendantes des puissances d'ici-bas.

FIN.

IMPRIMERIE DE A. CONIAM, RUE DU FAUBOURG MONTMARTRE, N°. 4.

www.ingramcontent.com/pod-product-compliance
Ingram Content Group UK Ltd.
Pitfield, Milton Keynes, MK11 3LW, UK
UKHW032040260826
14628UKWH00007B/3077

9 782011 905895